MW01296018

Serie Vida Cristiana

Dios está en Control

Descubre cómo librarte de tus temores y disfrutar la paz de Dios

Jorge Lozano

CONTENIDOS

CAPÍTULO 1:
CÓMO RESOLVER LOS PROBLEMAS
DE LA VIDA

"Esta es, pues, la parábola: La semilla es la palabra de Dios. Y los de junto al camino son los que oyen, y luego viene el diablo y quita de su corazón la palabra, para que no crean y se salven. Los de sobre la piedra son los que habiendo oído, reciben la palabra con gozo; pero éstos no tienen raíces; creen por algún tiempo, y en el tiempo de la prueba se apartan. La que cayó entre espinos, éstos son los que oyen, pero yéndose, son ahogados por los afanes y las riquezas y los placeres de la vida, y no llevan fruto". Lucas 8.11-14

Los domingos se te siembra la palabra de Dios. Pero el pastor no puede ir contigo dondequiera que vayas, todo el día, todos los días. Tampoco puede hacerlo tu médico, ni tu psiquiatra (aunque a muchos les haga falta). No se puede, tienes que aprender a vivir la vida.

Todos los días nos enfrentamos con problemas. Jesús dijo:" En el mundo tendréis aflicción" (Juan 16.33). La cosa es qué haces con los problemas y cómo actúas frente a ellos.

Hay veces que viene un problema de vez en cuando, pero hay épocas en que vienen todos los problemas juntos. Y le gritamos al Señor por ayuda.

Pero mira lo que dice el versículo 15: "Mas la semilla que cayó en buena tierra, éstos son los que con corazón bueno y recto retienen la palabra oída, y dan fruto con perseverancia."

Quiero hacer énfasis en estas dos palabras: retienen y perseverancia. Esta es una carrera de perseverancia, de larga distancia. No es una carrera corta ni tampoco fácil, pero aquí dice que sí es posible oír la palabra del Señor, retenerla y seguir adelante con perseverancia y tenacidad.

Desgraciadamente cada problema viene con voz. Tiene su propia voz que te empieza a hablar y te dice: "ahora sí, éste es el fin. ¿Has oído esa voz alguna vez? Viene y te dice: "Este es el fin. Olvídalo, no vas a conseguir otro trabajo."

Y los problemas tienen una voz bien exagerada, vienen y te dicen: "¿a tu edad? ¡Olvídalo! Nunca vas a conseguir nada. ¿Quién te va a contratar a ti?"

¿Y qué hacemos frente a esa voz? Agachamos la cabeza y seguimos oyendo, aceptando ciegamente lo que dice.

Muchas veces he estado en mi carro frente a un semáforo y me detengo a observar cómo pasa la gente. Muchos de ellos van con la cabeza gacha, mirando al piso. ¿Sabes qué les está pasando? Su problema les está hablando y ellos están escuchando.

El problema dice: "tú nunca vas a salir de esta situación.

Nunca te van a pagar lo que mereces." Los problemas hablan y tienen una voz espantosa.

Lamentablemente los problemas nos atemorizan, nos detienen, nos limitan, te cercan y te quitan la esperanza.

Cada vez que tú y yo perdemos la esperanza, perdemos la capacidad de actuar. Te frenas y empiezas a decir no puedo, no creo, ¿por qué a mí?, no tengo fuerzas, no doy más. Y empieza otra vez la desesperación y desgraciadamente te convences de que no hay solución para ti.

En este capítulo veremos cómo puedo salir de los problemas y como puedo solucionar cada problema que venga a mi vida. Quiero que pongamos esta enseñanza en práctica, no permitas que ningún espino ni roca impida que crezca esta palabra en tu corazón, permítela crecer y no dejes que nadie te la robe.

La primera forma de solucionar nuestros problemas es:

1. Nunca jamás pierdas la esperanza

El día que una persona entra al infierno ese día se acaba la esperanza, porque allí ya no hay esperanza, pero mientras tú y yo estemos vivos y esté latiendo nuestro corazón, nunca debemos perder la esperanza.

Si mantienes tu esperanza podrás actuar. Cuando pierdes la esperanza todo se vuelve imposible. Se cuenta la historia de un viejo pintor muy famoso a quien desgraciadamente le dio artritis en las manos. Sufría un dolor insoportable cada vez que tomaba su pincel y empezaba a pintar. Cada vez que creaba esos cuadros impresionantes era un sufrimiento sin precedentes, por eso la gente venía con él y le preguntaba: "¿Para qué sigues pintando? Ya estas grande y te duele cada vez que lo haces. Ya eres famoso, tienes mucho dinero y la gente te conoce, ¿Para qué sigues pintando?

¿Y sabes lo que él les contestó? Les dijo: "Todavía sigo pintando porque el dolor se va, pero queda la belleza."

Este hombre tenía esperanza de que lo que él pintaba quedaría para siempre.

Y tú y yo necesitamos no darnos el lujo de perder la esperanza.

En Jesucristo todo tiene solución. Tus necesidades, tus deudas, tus pobrezas, tu marido (ese que ya no aguantas), tus hijos (que no te hacen caso), ¡todo! En Jesucristo todo tiene solución. No pierdas la esperanza.

¿Alguna vez has oído de un hombre llamado Pablo Casals? Es considerado uno de los músicos españoles más destacados del siglo veinte y reconocido como uno de los mejores violonchelistas de todos los tiempos. A pesar de su edad avanzada no dejaba de tocar su instrumento, por lo que la gente también se le acercaba para preguntarle por qué seguía practicando, pues todos los días lo hacía. Le decían: "Ya estas viejo, eres todo un maestro, eres reconocido en el mundo entero, ¿para qué practicas?"

¿Sabes lo que él dijo? "Practico porque creo que estoy mejorando."

¡Este tipo sí que tenia esperanza! Yo espero que tú seas como este hombre, que sigas practicando, que sigas ensayando y que no pierdas la esperanza, porque todo tiene solución en el Señor Jesucristo.

Esto no me lo vas a creer, pero estaba yo leyendo acerca de Miguel Ángel Bonarotti, el famosísimo pintor y escultor, quien pintó la capilla Sixtina. Y dice la historia que cada vez que él se bajaba a tomar un descanso luego de estar largas horas pintando el techo de esa capilla con los temas bíblicos, había una voz que le decía "no sabes pintar". Y tenía que luchar todos los días contra esa voz que le decía "no sirves de pintor". Especialmente oía esa voz cuando estaba bien cansado. Cuando estamos muy cansados es cuando los problemas nos hablan más fuerte.

Y desgraciadamente tomamos decisiones equivocadas. Nunca tomes decisiones importantes cuando andas cansado. ¿Qué hacia Miguel Ángel? Se acostaba con eso en la cabeza. Pero cuando se levantaba en la mañana siguiente se ponía en pie fresco y habiendo recobrado las fuerzas y la esperanza, y se volvía a subir a la escalera y seguía pintando. El problema le hablaba. Los problemas te hablan, pero tienes que tener la actitud de Miguel Ángel y Pablo Casals, quienes jamás perdieron la esperanza.

Nunca obedezcas a la voz de tus problemas. Si Miguel Ángel hubiera obedecido esa voz que le decía "no sabes pintar" y hubiera dicho: "bueno sí, tienes razón, voy a abandonar esto", hubiera dejado la escalera, su pincel y todas sus pinturas. Imagínate qué desastre hubiera sido para el mundo del arte.

Si Beethoven se hubiera echado para atrás cuando se quedó sordo imagínate qué desastre para el mundo de la música, que pérdida hubiera sido.

Tú eres tan importante como Pablo Casals, eres tan importante como Beethoven y como Miguel Ángel.

Nunca escuchas y menos obedezcas las voces de tus problemas. Allí en lo más hondo y escondido de tu mente tienes que recordar esto: en Jesucristo siempre hay solución. En Cristo Jesús todos los problemas se pueden solucionar.

2. Para todo problema terrenal siempre existirá una solución celestial.

No lo olvides. ¿Sabes cuál es uno de los errores más frecuentes de todos los cristianos? Que en nuestros problemas agarramos a Dios, lo bajamos del cielo y lo traemos a la tierra. Eso es un error, pues eso es rebajar a Dios.

Lo que tienes que hacer es agarrar tu problemita y subirlo allá arriba. Súbelo al cielo, llévaselo al Señor. No lleves al Señor hacia tu problema, sino traslada tu problema a tu Dios.

¿Qué dijo Jesús? ¿Voy a donde están tus problemas? ¡No! Dijo vengan a mí.

"Venid a mí todos los que estáis trabajados y cargados, y yo os haré descansar." Mateo 11.28

No andes bajando a Dios a la tierra, súbele tus problemas al Señor, allá arriba al cielo, allá arriba siempre va a haber solución. Nunca rebajes a Dios, rebaja tus problemas.

No minimices al Señor. Saca de tu mente ese Dios humano que tienes, ese Dios hecho a tu propia imagen. No humanices a Dios. El es omnipresente, omnisciente, omnipotente, no lo rebajes. No dudes de él.

Nuestro Dios está en los cielos y es todopoderoso. Para Él no hay nada difícil. ¿Acaso hay algo imposible para Dios? Se lo dijo el ángel a María, quien había bajado a Dios a su tierra, a su planeta, a su situación y a su problema. Ella toda confundida le dice al ángel: "¿Cómo será esto? pues no conozco varón" Entonces ante esta respuesta se enoja el ángel y le dice: " "porque nada hay imposible para Dios." Lucas 1.37

Sube tu problemita al cielo y allá se va a solucionar.

Y cuando ella dijo hágase conforme a tu palabra, se solucionó su problema.

No rebajes a tu Dios, minimiza tu problema y tus dificultades. Engrandece siempre a tu Dios pues él no es como tú, somos nosotros los que debemos ser como él.

Levanta tu voz y di: mi Dios es grande, mis problemas son pequeños. Mi Dios es mi gigante, mi problema es el enano.

¿Te acuerdas cómo resolvían tus padres sus problemas? ¿A los gritos, a los zapatazos, a los portazos? ¿Con violencia, a los golpes, con angustia, con incredulidad? ¿Había agresividad?

¿Cómo era la atmósfera en tu casa? Si tú estás haciendo lo mismo que tus papás hicieron, entonces eres un odre viejo. Si tus papás hacían eso tú no tienes por qué repetirlo.

Desgraciadamente somos una copia de nuestros padres. Y a veces yo me encuentro haciendo lo mismo que mi padre hacía. Y yo no quiero ser así. Yo quiero cambiar mi vida, quiero permitir que Jesucristo sea el que solucione cada problema. Quiero darle la oportunidad a él pues él es el príncipe de paz, él es admirable, es consejero, es Dios fuerte, es padre eterno y tú y yo estamos hechos a su imagen, por lo que necesitamos reaccionar y empezar a actuar como Jesucristo reacciona.

¿Cómo solucionaría Dios la situación? Eso es lo que tenemos que averiguar en vez de reaccionar igual que tu padre, tu madre o tu abuelita.

Yo no quiero ser un odre viejo sino un odre nuevo. Hay cosas que tenemos que tener bien en claro.

1. Hay problemas en la vida que tengo que resolver yo mismo. Cosas como flojera, irresponsabilidad, mediocridad, ociosidad, pecados, etc.

2. Hay problemas para los cuales necesito la ayuda de otros. Si los problemas son legales, necesito ir a ver a un buen abogado. Si los problemas son físicos, entonces debo ir a ver a un buen doctor, hacerme análisis y que me revisen. Hay ciertos problemas en los que debemos permitir que otros nos ayuden. Hay problemas que el pastor te puede ayudar, darte un consejo y hacer una oración por ti. Recuerda que otros también pueden ayudarte a resolver la situación.

3. Hay problemas que se resuelven solos pues no son tan graves.

4. Pero hay problemas que solo Dios puede resolver. Hay problemas tan grandes que ningún recurso natural, ningún estudio, ninguna persona puede resolver, sino solo

la mano poderosa de Dios puede hacerlo. Desgraciadamente nuestra mente es demasiado floja. Tú y yo hemos aprendido cierta forma de ser, lo has visto en tus padres, en un amigo, lo adaptaste y ahora vives con ese patrón de vida. Pero Dios quiere venir a tu vida y cambiar esos patrones de reacción ante los problemas y quiere decirte: "Permíteme meter la mano, permíteme actuar. Suéltame a tu hijo, suéltame a tu marido. Deja que yo trate con él. Permíteme que yo intervenga en tu economía." Necesitamos permitir que Dios también actúe en nosotros, pero para eso necesitas confiarle el problema a tu Dios.

No resuelvas las cosas como antes las resolvías, porque siempre va a haber problemas, nunca vamos a salir de los líos. Hay casas donde sus habitantes nunca pueden vivir tranquilos porque siempre hay alguien que arma líos, griterías y contiendas. O es uno o es el otro, pero alguien siempre comienza el lio.

Hoy el Señor te dice: "No te aferres a lo antiguo. No te aferres a tu antigua forma de reaccionar". ¿Por qué? Porque Dios tiene nuevas soluciones. Deja de estar defendiendo tu antigua forma de arreglar las cosas. Dios nos quiere dar capacidad para resolver y solucionar cada uno de los problemas a los que nos enfrentemos. Por más extremo que sea, por más extraordinario que sea, por más loco que sea el problema, para Dios no hay grande o pequeño.

El dice: "Vengan a mí", así que ve a Dios. Date cuenta del tamaño de tu Dios y compáralo con el tamaño de tu problema.

3. Dios está en control

Salomón, hablando de la mujer virtuosa, dijo: "Fuerza y

honor son su vestidura; y se ríe de lo por venir." Proverbios 31.25

¿Cuántas mujeres están nerviosas por lo que está por venir? Tal vez estén pensando: "y va a pasar esto, o sino aquello...". Tienen nervios de que su hijo esto o su hija aquello: están todo el tiempo nerviosas. Aquí dice que la mujer que conoce y confía en Dios se ríe de lo porvenir!

Porque la mujer que edifica su hogar sabe que el Señor está al mando. Sabe que Dios es soberano, sabe que Dios tiene suficiente y le sobra poder para cambiar cualquier situación y convertirla en bendición.

La mujer virtuosa se ríe de lo porvenir quiere decir que celebra por adelantado el futuro. Quiero invitarte el día de hoy a que empieces a celebrar por adelantado tu futuro. En vez de estar gritando y enojada todo el día, armando líos y dando portazos, haz celebración. Que tú seas la causa por la que tu casa está alegre. Que no seas tú el obstáculo, que no seas tú la pared que le impide a todos los demás vivir en paz. ¿Hace cuánto que en tu casa no comen una comida en paz, hace cuánto que no se van a la cama sin los gritos y los portazos?

Que no seamos como aquellos que describe Jesús en la parábola del sembrador, a quienes el diablo les roba la palabra de Dios, y empiezas a arreglar las cosas a tu manera en vez de hacer que Dios resuelva las cosas.

¿No añoras y ansias una casa en paz? No digas: "voy a estar tranquilo cuando ya haya terminado el problema", porque se va a acabar ese problema y al ratito viene otro. Mejor estate tranquilo en medio del problema.

¿Sabías que te puedes reír de los problemas? Antes de que todo haya pasado estate en paz para que Dios pueda actuar. Deja de decir "voy a ser feliz cuando éste se vaya de aquí." ¡No! Se feliz ahora, porque y ¿si el otro no se va?

Hoy Dios te dice: "empieza a ser feliz ahora. Empieza a vivir tranquilo ahora. No digas que no. No seas odre viejo."

Vamos a leer un salmo muy conocido y recordado, todos saben este pasaje, pero nadie hace nada al respecto.

Este es el día que hizo Jehová... ¿Qué voy a hacer? Gritaré todo el día, las 24 horas del día, me enojaré, daré portazos, le gritaré a mis hijos, le gritaré a mi esposo, a mi esposa... seré feliz cuando haya terminado el día , porque solo en la cama durmiendo encuentro paz. ¿Dice eso? ¡NO! Mira lo que dice la Palabra de nuestro Dios:

"Este es el día que hizo Jehová; Nos gozaremos y alegraremos en él." Salmo 118.24

Este es el día, no mañana ni tampoco ayer. En medio de mis problemas y dificultades me voy a gozar y alegrarme y ya se resolverá el problema.

Deja de guardar la felicidad para más tarde. Hay algunos que tienen guardada la paz para mañana. Hay otros que tienen guardada la tranquilidad para pasado mañana o para el fin de semana que viene.

Cuando todo está bien estás haciendo lo mismo que el pueblo de Israel, que tomaba el maná y lo guardaba. En vez de comérselo, lo guardaba por si mañana. ¿y qué pasaba cuando hacían esto? Al otro día olía a podrido y estaba todo lleno de gusanos. Tu paz, tu tranquilidad, tu amor, tu gozo y tu alegría están todos podridos y agusanados porque los tienes guardados. ¿Cuándo los vas a sacar? ¿Cuando te manden a un geriátrico? ¿Cuando ya se hayan ido todos tus hijos? ¿Cuando ya no puedas abrazarlos para bendecirlos? ¿Qué te pasa?

Saca el maná y cómetelo. Saca esa paz y gózala, disfrútala. Saca esa tranquilidad y pásasela a los demás. Deja de andar guardando el maná que Dios tiene para tu vida. Todos los días tenemos que gozarnos y alegrarnos pues ése es el mandato de Dios:

"Este es el día que hizo Jehová; Nos gozaremos y alegraremos en él."

¿Cómo vamos a andar gruñones, enojones, provocando a todo el mundo todo el día? ¿Cómo es posible? Cristo Jesús vino a tu vida y te sacó de esa vida espantosa y vacía que traías, te llenó, te sacó de esa mugre donde estabas y te metió a la familia de Dios.

Estamos cantando "somos el pueblo de Dios", pero ¡bonito pueblo de tiene el Señor! Todos agusanados y apestosos. Nuestra vida tiene que estar caracterizada por el gozo y la felicidad.

Quiero hacerte una pregunta muy importante: ¿Qué herencia le estás dejando a tus hijos? ¿Quieres que sean iguales a ti? ¿Qué les estas enseñando? ¿Enojos, malas palabras, maltratos, gritos y quejas? ¿Eres insoportable la mayoría del tiempo? ¡Pobres de nosotros si eso es lo que les dejas como herencia!

Hoy el Señor te dice: "O empiezas a usar el gozo, la paz y la alegría que yo te he dado o mañana estarás todo apestado y agusanado".

Vete haciendo la idea que todos los días van a haber problemas, pero la biblia dice "este es el día", no mañana, no ayer, no el fin de semana que viene. Este es el día que hizo el Señor y me voy a gozar en él. Voy a transitar por esta vida en la paz de Dios.

4. Olvídate del pasado

"No os acordéis de las cosas pasadas, ni traigáis a memoria las cosas antiguas. He aquí que yo hago cosa nueva; pronto saldrá a luz; ¿no la conoceréis? Otra vez abriré camino en el desierto, y ríos en la soledad". Isaías 43: 18-19

La vida a veces se convierte en un desierto, hay veces que se convierte en una soledad, ¿o no? ¿Lo has sentido? Pero la promesa de nuestro Señor es que si no traes a memoria las cosas antiguas, él va a hacer todas las cosas nuevas, y que aun en el desierto abrirá caminos, en la soledad te abrirá todo un río para que te refresques.

Cada vez que tú oras Dios escucha y empieza a actuar. La respuesta de Dios viene en camino para solucionar no solo el problema que tienes ahora sino los que vienen en el futuro. Dios ya tiene la solución para todos tus problemas en el futuro, por eso tú y yo podemos vivir en tranquilidad, gozarnos y alegrarnos, porque nuestro Dios siempre va a tener una solución para cada uno de nuestros problemas.

Entonces, ¿qué necesito hacer yo por adelantado? Reírme. ¿Hace cuánto que no te ríes? ¿Te conocen tus hijos sonriendo? Tal vez si algunos ríen en sus casas sus hijos van a llamar a la policía diciendo: "se metió alguien raro aquí", porque nunca lo hacen.

Cambia tu forma de ser. Sabes ¿Por qué? Porque como sociedad ya no te aguantamos. Cambia tu forma de proceder. Cambia tu forma de comportarte. Cambia tu forma de actuar y de tratar a las otras personas.

Otra vez te hago la misma pregunta: ¿Que herencia les vas a dejar a tus hijos y a tus nietos?

Es tiempo de que haya un cambio. Recuerda que todo tiene solución, no pierdas la esperanza. Tu hijo va a cambiar, no pierdas la esperanza. Tu marido va a cambiar, no pierdas la esperanza. Tú vas a cambiar, tampoco pierdas la esperanza.

Resumiendo brevemente todo lo que vimos en este capítulo: Recuerda que para todo problema terrenal hay una solución celestial. No traigas a Dios acá abajo a la tierra, sube tus problemitas al trono de la gracia. Lleva al cielo tus problemas y tus necesidades.

No sé cual sea tu problema el día de hoy, pero lo que sí sé es que allí arriba en el cielo hay una solución.

Recuerda lo que dijo Jesús en Mateo 11.28: "Venid a mí todos los que estáis trabajados y cargados, y yo os haré descansar."

Es como que Jesús nos dijera: "Ustedes viven siempre angustiados y preocupados. Vengan a mí, y yo los haré descansar."

Jesús quiere darte descanso para tu alma. Es allá arriba en el cielo donde está la solución.

CAPÍTULO 2:
CÓMO EXPERIMENTAR LA PAZ DE DIOS EN MEDIO DE LA TORMENTA

"La paz os dejo, mi paz os doy; yo no os la doy como el mundo la da. No se turbe vuestro corazón, ni tenga miedo." Juan 14.27

Es un mandato que Dios nos da el día de hoy. Mi pregunta para ti el día de hoy es: ¿Por qué has estado preocupado? ¿Por qué nos preocupamos y nos afanamos? ¿Por qué andamos con tantas angustias?

La respuesta es muy simple: porque se nos olvida muy rápido lo que el Señor Jesucristo nos ha dicho. Lo que él está diciendo es "yo he puesto mi paz en tu vida, por lo tanto tú tienes que caminar el resto de tu vida en esta paz. Venga lo que venga, pase lo que pase, mi paz tiene que gobernar tu vida."

"No se turbe vuestro corazón; creéis en Dios, creed también en mí. No tengas miedo", dice el Señor."Yo te he dado mi paz y debes vivir en este planeta con mi paz."

En medio de tribulaciones, en medio de angustias, en

medio de situaciones espantosas tenemos que permitir que la paz de Dios sea la que gobierne nuestro corazón.

Las presiones externas

Si hay algo que gobierna en este mundo es la ansiedad. Todo es ansiedad, la gente vive estresada y a veces sin ningún motivo. Estamos viviendo en una sociedad llena de presiones, nos presionan por dentro, nos presionan por fuera, nos presionan la cabeza, los pensamientos. Y si nosotros cedemos, se va la paz y viene la turbación, vienen los líos, las desgracias y las desesperaciones.

Anoche me senté a comer y prendí un momento la televisión para ver qué había e inmediatamente aparece en las noticias: "Acaban de subir los alquiles en Buenos Aires". Y allí te va la bomba. Empiezas a pensar: "Y si esto está pasando en Buenos Aires pues no falta mucho para que se llegue a esparcir por todo Argentina: ¡me van a subir los alquileres!".

Y empiezas a pensar y a maquinar. Por todos lados esta la presión. Le cambias de canal y te ponen a un tipo con un estómago perfecto pues se ve que toda su vida ha estado en un gimnasio. Se ve que es un vago que no tiene nada que hacer y te dice: "si compras esta maquinita te vas a poner como yo. Tienes que adelgazar, tienes que adelgazar, tienes que adelgazar. Tienes que ser perfecto, tienes que estar y utilizar esta marca, y bla, bla, bla".

Hay presiones. No te quieres comprar un automóvil 0 km. porque piensas. "pero qué van a decir los hermanos. No puedo decir ni dar señales de que estoy enfermo porque la gente va a decir que no tengo fe".

Y a todo esto échale encima las presiona económicas. Y llega un momento en que pides a gritos paz. ¿Y sabes qué es lo que pasa? Que al estar así tenemos la tendencia a aislarnos. A través de todas estas presiones en tu mente, en la tele, en tu casa y en el trabajo el diablo busca aislarte. Como los lobos y los leones cuando aíslan una sola víctima. Localizan una presa, la separan de la manada y una vez separada, la matan.

Si tú permites que las presiones de esta vida te empiecen a aislar, quedas tú solo a merced del enemigo.

Dices "no voy a ir a la iglesia porque está determinada persona y ya no la aguanto... ahí está, que no me vea". O dices: "no voy a la casa de mis padres porque me presionan".

Llega un momento en que te conviertes en un verdadero fugitivo, un ermitaño. Y eso es lo que el diablo quiere para tu vida: aislarte, que quedes solo. Te agarra la presión, la depresión, te agarra la tristeza, la desilusión, los complejos, y empiezas: "para qué voy allá si es para problema".

Lo que el diablo hace es minimizarte, aislarte, te mete a tu tienda de miseria y te dice "no te muevas de aquí, aquí estas seguro". Se desata la autocompasión en tu vida, se desata el temor, la bronca, la incredulidad y la desesperación. Satanás es un especialista en estas cárceles. Y lo que nos dijo el Señor lo olvidamos. ¿Por qué somos así? ¿Por qué nos pasa esto? ¿Cómo podemos olvidar esta poderosa promesa que tienes gracias a Jesús?:

"La paz os dejo, mi paz os doy; yo no os la doy como el mundo la da. No se turbe vuestro corazón, ni tenga miedo." Juan 14.27

¿Por qué desechamos su palabra? ¿Por qué somos convencidos tan rápido de las mentiras del diablo?

Porque Satanás es un especialista en achicarte, pero Dios es un especialista en agrandarte. El diablo es un especialista en robarte, en quitarte, en minimizarte, pero Dios es un especialista en que te expandas, que te extiendas, que te salgas de la tienda y que veas todo lo que él tiene para tu vida.

Sal fuera y mira las estrellas

Mira lo que sucedió hace muchísimos años atrás:

"Después de estas cosas vino la palabra de Jehová a Abram en visión, diciendo: No temas, Abram; yo soy tu escudo, y tu galardón será sobremanera grande. Y respondió Abram: Señor Jehová, ¿qué me darás, siendo así que ando sin hijo, y el mayordomo de mi casa es ese damasceno Eliezer? Dijo también Abram: Mira que no me has dado prole, y he aquí que será mi heredero un esclavo nacido en mi casa.

Luego vino a él palabra de Jehová, diciendo: No te heredará éste, sino un hijo tuyo será el que te heredará. Y lo llevó fuera, y le dijo: Mira ahora los cielos, y cuenta las estrellas, si las puedes contar. Y le dijo: Así será tu descendencia". Génesis 15:1-4

Abram no tenía paz, él pensaba: "no tengo hijo, me tocó una esposa estéril, no tengo heredero, ya estoy viejo. Este siervo se va a quedar con todo lo que he acumulado" Todos los días vivía en esa atmósfera.

Pero mira lo que dice el versículo cinco de Génesis

quince: "Y lo llevó fuera, y le dijo: Mira ahora los cielos, y cuenta las estrellas, si las puedes contar. Y le dijo: Así será tu descendencia".

Y lo llevó fuera: fuera de su pasado, fuera de su ignorancia, fuera de su experiencia. Lo llevó afuera. Tal vez tú seas de esos que están metidos en esas tiendas, de esos que dicen: "me fue mal, me pasó esto, me pasó aquello, me dijeron esto, no me dijeron aquello". Y todos los días estás en eso: "y me tocó este marido, y me tocó esta mujer, y me tocaron estos hijos" y estás todos los días en la misma atmósfera. ¿Y la paz del Señor? ¿Y las promesas del Señor?

¿Quién sabe donde están? Ni caso le hacemos a lo que dijo Dios, sino que nos metemos en nuestra tienda y ahí estamos viviendo nuestra miseria y aparentemente te gusta.

Hoy el Señor te dice: "Hazme el favor de salirte de esa tienda y de esa atmósfera. Salte de esa mente de esclavo, de idólatra, de esa mente de tacañería, de problemático, de vago. Hoy te sales de esa tienda y a partir del día de hoy comienzas a expandirte. A partir de hoy comienzas a pensar Mis palabras. Te he dicho mi paz te dejo, mi paz te doy, y eso es lo que debe gobernar tu mente y todo tu corazón".

Ya sea que lleves varios años en el camino del Señor o unos pocos meses, tienes que crecer y dejar de ir con tu pastor o con la hermanita no sé cuánto para que te cambie los pañales.

El Señor llevó fuera a Abram y le dijo: "Mira ahora los cielos". No le dijo "mira ese ratón", o "mira esa hormiga". No le dijo "mira esa manzana", le dijo "mira los cielos", porque de ese tamaño es la visión que Dios quiere que tengas. Dios tiene un programa para ti muy grande, y Su programa es que veas el cielo, pues de ese tamaño es su visión para tu vida. De ese tamaño debe ser tu ilusión, de ese tamaño debe de ser tu esperanza, de ese tamaño tiene que ser tu fe, tu alegría, tu gozo y tu paz: ¡del tamaño de los cielos!

Dios siempre va a insistir en sacarte de tu mundo pequeñito para trasladarte a su mundo grande, a Su universo, así que mira los cielos.

Dios quiere que te ensanches, que crezcas, que te extiendas, por eso viene constantemente a tu vida y te dice: "sal fuera". Cambia tu forma de pensar. Salte de tu mundito, no te achiques, no retrocedas, no te repliegues, no te arrugues.

Comienza a llamar lo que no es como si fuera, salte del caos en el que estás, salte de la crisis, salte de la presión que hay en tu mente y de la presión que hay allá afuera. Salte de ahí. Estás encerrado y dices: "no tengo paz, no tengo paz porque me maltrató, porque mira lo que hizo, y porque ésta me miró mal, y aquel no me dio y éste me hizo daño y no lo vuelo a permitir nunca, etc." Y pensando de esta manera te aíslas.

Y una vez que te aíslas el diablo ya hizo lo que quiso contigo. Y en tu tienda te vuelves criticón, te vuelves perfeccionista y crees que desde tu mundo controlas todo, y criticas a todos, regañas a todos, retas a todos y el diablo siempre te va a decir retírate, vete de allí. Y tú le dices. "amén, tienes toda la razón".

Pero Dios viene a tu vida y te dice: "salte de tu tienda, extiéndete, ve el cielo y cuenta las estrellas, si puedes. Porque así como el número de estrellas será el número de tus bendiciones".

Perdona a los que te lastimaron, perdona al que te robó, olvídalos ya, déjalos en las manos del Señor y sigue caminando con él tomado de Su mano. De otra manera no vas a poder dormir por las noches pensando en lo que los demás te robaron, en lo que te dijeron y en lo que no te dijeron.

Dios nos quiere liberando personas, no nos quiere cautivos ni encarcelados. No nos quiere acomplejados y mucho menos oprimidos. Dios quiere que tú y yo seamos como David, no como Saúl. El rey Saúl tenía temores, se aislaba, criticaba, odiaba a David. El tipo medía casi 2 metros pero vivía acomplejado. Se menospreciaba a sí mismo. Y Samuel lo confronta y le dice: "aunque tú te tenías en poco en tu propio corazón, Dios te escogió como rey".

Los complejos siempre te van a decir: "el otro sí puede pero mírate tú, no puedes. Nunca lo vas a lograr". Y lo peor de todo es que lo creemos.

Mientras que Dios te ha escogido para que seas rey, para que seas príncipe y princesa y para que reines en esta vida, sin embargo andas todo acomplejado como Saúl, viendo a los demás y preguntándote: "mira como le cantan a David por sus diez mil a mí me cantan mil nada más". Y empiezas a ver defectos, empiezas a criticar y te empiezas a aislar de todos.

Detente un momento y analiza estas preguntas: ¿Qué pasa por tu mente todos los días? ¿Qué tienes en la cabeza? ¿Qué pasaría si pudiéramos pasar en una pantalla todos tus pensamientos? ¿Veríamos cosas como: "soy esto, soy lo otro, no puedo, no puedo, no puedo"?

Hoy Dios te dice: "La paz os dejo, mi paz os doy; yo no os la doy como el mundo la da. No se turbe vuestro corazón, ni tenga miedo".

Así que no te preocupes, no te afanes.

Características de David

Ya que estamos hablando de las diferencias entre David y Saúl, me gustaría compartir contigo algunas características de David que pueden serte útiles para que la paz de Dios gobierne tu vida. La biblia menciona las características de David en 1 Samuel 16.18:

"Entonces uno de los criados respondió diciendo: He aquí yo he visto a un hijo de Isaí de Belén, que sabe tocar, y es valiente y vigoroso y hombre de guerra, prudente en sus palabras, y hermoso, y Jehová está con él".

1. David sabía tocar. Esto quiere decir que no solamente era un pastorcito. David no se movía solamente en una dimensión, sino que sabía hacer muchas, muchas cosas. Hoy quiero recordarte que lo que estás haciendo lo haces en una dimensión y Dios quiere que te muevas y empieces a hacer muchas otras cosas, porque Dios te dio todas las capacidades para que lo hagas. Si no funciona por aquí, métele por el otro lado, si no funciona por acá, búscate otro trabajo, inténtalo por aquí, inténtalo por allá. No permitas que el mundo se te cierre. No te fijas nada más en una sola cosa. Busca otros rumbos, fíjate por donde puedes desarrollar tu vida y mejorar. No te conformes nada más con una dimensión. David nunca se minimizó. Nunca se achicó ni se aisló. Mientras que Goliat le gritaba cosas al

pueblo de Israel, Saúl estaba escondido en su tiendita y pensaba: "este es un hombre de guerra, es una máquina de matar, no vamos a poder, mira nada más sus músculos, y esos brazos, esa lanza, esa espada, ese casco... no vamos a poder".

Y ahí estaba temblando en esa tienda, y nunca salió de allí. Pero David cuidaba ovejas, obedecía a su padre, tocaba el arpa, escribía salmos, canciones, mataba osos y leones, le llevaba la comida a sus hermanos: Se movía.

La orden de parte del Dios del cielo para ti es: ¡muévete! Muévete en todo lo que se pueda, no importa la edad que tengas. A Abram lo sacaron de su tiendita a la edad de 95 años. Si tú tienes menos de 95 pues entonces tienes esperanza. Agranda tu mundo, expándete, extiéndete, salte de tu tiendita de miseria y de autocompasión. Tu vida no debe de ser unidimensional sino multidimensional. ¿Qué cosa esta ocupando tu mente? ¿Qué cosa te está atormentando? Goliat llevaba 40 días atormentando a Israel y nadie hacía nada al respecto. Les decía: "los voy a matar, su Dios es una porquería, no sirven para nada, son basura, son microbios". Imagínate estar escuchando esas barbaridades por 40 días. Los insultaba y dice la biblia que Saúl estaba con los sacerdotes y los príncipes de Israel, temblando mientras el gigante estaba gritando allí afuera.

¿Qué es lo que te grita el diablo todos los días? ¿Qué es lo que estás escuchando? David llegó al campo de batalla y no permitió que Goliat siguiera gritando por un día más. Apenas llegó preguntó a los soldados: "¿ y a éste qué le pasa, cómo se atreve a insultar a nuestro Dios, quién va a matarlo, qué esperan?

Y como nadie se animaba, fue él mismo y lo mató. No

permitió un día más de gritos.

¿Hasta cuándo vas a permitir que el diablo te siga gritando todo lo que te ha gritado hasta el día de hoy? El pueblo de Israel llevaba 40 días escuchando los insultos del gigante, pero tú tal vez ya llevas 20 años así. Y crees que es lo normal. Perdona si te estoy incomodando con lo que te estoy diciendo, pero creo que es necesario que agarres la onda, la lanza o la espada y que derribes a aquel que te ha estado gritando todo este tiempo.

¿Con qué te esta atormentando? ¿Con enfermedades? ¿Con deudas? ¿Con problemas en tu familia? Hay gigantes por todos lados, pero niégate a seguir viviendo así y búscale la solución. Y como vimos en el capítulo anterior, la solución está arriba: preséntale tu problema al Señor.

2. David era valiente y vigoroso. Esto quiere decir que David se atrevía a hacer cosas, era arriesgado. Necesitamos ser atrevidos en el Señor. Atrévete a buscar otro trabajo. Atrévete a mejorar tu condición. Atrévete a derribar ese gigante que te está atormentando. La ciudad de Jerusalén estaba llena de jebuseos, y cada vez de David apacentaba sus ovejas él veía esa montaña donde ellos vivían y decía: "esa ciudad algún día será llamada la ciudad de David". Estaba llena de jebuseos, una tribu parecida a los filisteos. Eran de terror. Dios tenía muchas cosas que hacer con Jerusalén, pero no podía hacerlo a causa de esta tribu. Y David decía todos los días en su corazón: "esa ciudad va a ser llamada la ciudad de David".

Todos los días decía: "voy a traer el arca, voy a traer la presencia de Dios a esa ciudad. ¿Y sabes lo que pasó? Lo hizo. Trajo el arca. Cuando mató a Goliat, le cortó la cabeza, fue a Jerusalén y les mostró la cabeza a todos los ciudadanos que estaban encerrados allí y les dijo: "esto les va a pasar a ustedes si no se van". Ese mismo día todos los jebuseos comenzaron a empacar sus cosas y por la puerta de atrás se empezaron a ir.

David había dicho en su corazón "voy a traer el arca a esta ciudad" y finalmente lo hizo: trajo la presencia del Señor. Esta vida requiere un cierto grado de atrevimiento. Si no te atreves por cualquier razón, nunca vas a ser nada en la vida. Conforme das el paso de fe el Señor viene, te fortalece, desciende a tu vida y te capacita para hacer aquello a lo que te ha llamado a hacer. ¡Atrévete!

"Mira que te mando que te esfuerces y seas valiente" Josué 1.9

Tenemos que aprender a enfrentarnos a las crisis. Aprender a analizarlas, ver cuál es la situación y buscar insistentemente la solución. Enfréntate a problemas, enfréntate a tus defectos, enfréntate a tus deudas, enfréntate a tus sueños.

Dios quiere hacer de ti una persona valiente, no deprimente. Hay una tendencia a deprimirnos, a atemorizarnos. Existe la tendencia a entristecernos. Y una vez que el diablo te quita el gozo ya te anuló, ya te detuvo, ya te frenó. Hay otra tendencia a esconder los problemas. Hay otra tendencia a restarte importancia, a no valorarte.

Y si tú te das cuenta, a David siempre lo abandonaron. Lo abandonó su padre, lo abandonaron sus hermanos, lo abandonó su líder, lo abandonó Saúl. Goliat lo quería despedazar, su esposa se burlo de él, sus hijos le hicieron un golpe de estado y se proclamaron rey.

David pasó por todo, pero el sabía de dónde venían todos los ataques. Y muchas veces los ataques vienen de nuestra propia alma. Tu alma te dice: enciérrate en tu mundito, agáchate, no te enfrentes a nada. Encerrándote no solucionas nada. Hay gente que busca salida en el alcohol, pues creen que eso ayuda para olvidar. El problema es que cuando se les pasa el efecto del alcohol se tienen que acordar de todo otra vez y les va peor todavía.

Si hay una cosa que el diablo quiere hacer en tu vida es asfixiarte. Te recuerdo que eres hijo de Dios, así que levántate, toma autoridad, enfréntate a tu realidad y soluciónala.

Haz esta oración conmigo: "Señor Jesús, hoy me comprometo ante tu altar a resolver cada situación a la que yo me enfrente. Me comprometo ante tu altar a cortar con esos problemas, a solucionarlos. No voy a parar hasta que vea esos gigantes caer en frente de mí. En el nombre de Jesucristo, amén."

Muchos de estos problemas tienen que ver con nuestro carácter. Cuando tú naciste Dios puso dentro de ti carácter, si no fuera así no estarías vivo. Si ves a los bebés, cuando tienen hambre, gritan. Cuando están mojados, gritan. Cuando se sienten mal, gritan. ¿Por qué? Porque tienen carácter. Dios les puso carácter para sobrevivir.

Yo no sé en qué momento de tu vida perdiste el carácter, pero hoy el Señor te dice vuélvelo a tomar. Hoy en día es muy lamentable ver hombres con falta de carácter. Necesitamos carácter para hacer cosas, para movernos, para extendernos. ¡Ten carácter! Búscale por aquí, búscale por allá, muévete, pero no agaches nunca la cabeza.

Y no estoy hablando de mal carácter, sino de agarrar esa fuerza interior dentro de nosotros y ser valientes, como David. Tener carácter es decir voy a cortar con todo lo que le hace mal a otros, voy a ser obediente a la voz del Señor.

3. David era varón de guerra. Todo lo que David logró en la vida fue porque lo conquistó. Para que tú logres alguna cosa en esta vida tienes que conquistarlo. David no heredó nada, Saúl sí, pero a diferencia de Saúl, David lo conquistó. No se lo regalaron, todo lo que logró le costó trabajo, y para vencer en esta vida, para tener y lograr cosas, tendrás que conquistar. Te costará trabajo. Hay una tendencia a que todo me lo regalen, a que todo me lo den, a que caiga del cielo, a que salga en los árboles billetes de 100, ¿te imaginas?

¿Quieres un arbolito de billetes de 100? Entonces empieza a sembrar billetes de 100. Nada viene gratis. Tienes que aprender a luchar y conquistar. Todo aquello que tú quieres en esta vida tienes que luchar por ello.

Dios no puso dentro de ti un ocioso, ni un vago ni un derrotado. Dios puso dentro de ti, igual que David, un guerrero, una guerrera. Toma en serio la vida, ponte a pelear y termina la batalla, no la dejes a medias. Si empiezas una batalla, termínala. Por eso vienen las heridas a tu vida, por eso viene confusión a tu mente, porque no terminas las batallas que comienzas. Empieza a cerrar todos los casos que no están resueltos. Y por último:

4. El Señor estaba con él. El mundo que te rodea necesita ver que Dios está contigo. El mundo que te rodea debe reconocer que hay algo diferente en ti.

Dios estaba con David y se notaba. Dios estaba con

Daniel y se notaba. Dios estaba con Moisés y se notaba. Dios estaba con Abraham y se notaba. Estuvo con Ester, con María, con Pablo, con Pedro y quiere estar contigo también de la misma manera.

Dios está contigo, así que deja que se note. Que tu familia y tus parientes vean que Dios está contigo. No pierdas la confianza en el Señor. Su nombre es Emmanuel, que significa Dios con nosotros.

Lo sabemos, pero a la hora de la bronca, a la hora del dolor y la crisis, cuando vienen las críticas y el ataque del enemigo... ¿y Emmanuel? Se nos olvida que Dios está con nosotros.

Este siervo de Samuel dijo sobre David: "He aquí yo he visto a un hijo de Isaí de Belén... que Dios está con él".

Cierra tus ojos y dilo: Dios está conmigo.

Me gustaría que al terminar de leer este capítulo puedas decir: tengo la paz de Dios.

La biblia dice en el salmo 121:1: "Alzaré mis ojos a los montes;" es decir, a las crisis, a los problemas, a todas mis necesidades, "¿De dónde vendrá mi socorro? Mi socorro viene de Jehová, que hizo los cielos y la tierra".

Nuestro Dios tiene un currículum impresionante: hizo los cielos y la tierra, ¿Cómo no va a poder ayudarnos? Salte de tu tienda el día de hoy. Salte de tu miseria.

Él te sana, él te suple, no dormirá el que guarda a Israel.

Haz esta oración:

"Querido Dios: Quiero cerrar todos los asuntos que tengo sin resolver. Quiero cerrar mi pasado para siempre. Necesito tu paz. Cierro las puertas que han permitido el dolor y la frustración. Renuncio a vivir angustiado, con celos, con envidias y con los mismos problemas de siempre.

Me niego a seguir viviendo con dudas, con el mismo dolor de siempre, con las mismas inseguridades, con la baja autoestima y con pensamientos equivocados de que no me quieres, de que te olvidaste de mi. Perdóname Señor. Hoy cierro todas esas puertas para siempre y recibo tu paz.

Establece tu paz en mi vida. Decido no tener miedo, no angustiarme, no entristecerme, no desesperarme, porque tu paz va a gobernar mi vida a partir del día hoy. Afino mi oído a tu voz y a tu voluntad. Quiero tu paz, Señor. La necesito urgentemente.

En el nombre de Jesús. Amén".

CAPÍTULO 3:
VENCIENDO LOS TEMORES

En el libro de Job, capítulo 1, podemos leer todo lo malo que le puede pasar a un hombre:

"Un día, mientras los hijos y las hijas de Job celebraban una fiesta en casa del hermano mayor, llegó un mensajero a decirle a Job: «¡Unos bandidos de la región de Sabá nos atacaron y se robaron los animales! Nosotros estábamos arando con los bueyes, mientras los burros se alimentaban por allí cerca. De repente, esos bandidos comenzaron a matar gente, y sólo yo pude escapar para darle la noticia».

Todavía estaba hablando ese hombre cuando otro mensajero llegó y le dijo a Job: «¡Un rayo acaba de matar a las ovejas y a los pastores! ¡Sólo yo pude escapar para darle la noticia!»

No terminaba de hablar ese hombre cuando otro mensajero llegó y le dijo: «¡Tres grupos de bandidos de la región de Caldea nos atacaron, mataron a los esclavos, y se llevaron los camellos! ¡Sólo yo pude escapar para darle la noticia!»

Todavía estaba hablando ese hombre cuando un cuarto mensajero llegó y le dijo a Job: «Todos sus hijos estaban celebrando una fiesta en casa de su hijo mayor. De repente, vino un fuerte viento del desierto y derribó la casa. ¡Todos sus hijos murieron aplastados! ¡Sólo yo pude escapar para darle la noticia!»" Job 1.14-19 (TLA)

Dice más adelante que a Job se le llenó con llagas todo el cuerpo (2:7). Y por si fuera poco, Job tenía una mujer de ésas que, con una mujer así, ¡quién necesita al diablo! Imagínate que había perdido todo lo que poseía, hasta su salud, y dice en el capítulo 2 verso 9:

"Su esposa fue a decirle:

— ¿Por qué insistes en demostrar que eres bueno? ¡Mejor maldice a Dios, y muérete!"

Y el golpe final vino cuando vinieron sus tres amigos: Elifaz, que era de la región de Temán; Bildad, de un lugar llamado Súah; y Zofar, de un lugar llamado Naamat. "Luego que oyeron todo este mal que le había sobrevenido, vinieron cada uno de su lugar; porque habían convenido en venir juntos para condolerse de él y para consolarle". Job 2:11

¿Y sabes qué le dijeron? "Tú tienes la culpa de todo".

1. Una puerta abierta

Me gustaría que entiendas una cosa: toda fuente de destrucción no viene de Dios, sino de Satanás. Dejemos de echarle la culpa a Dios por algo que él no hace.

Santiago 1.17 dice: "Toda buena dádiva y todo don perfecto desciende de lo alto, del Padre de las luces, en el cual no hay mudanza, ni sombra de variación".

En Juan 10.10 Jesús nos recuerda lo siguiente: "El ladrón no viene sino para hurtar y matar y destruir; yo he venido para que tengan vida, y para que la tengan en abundancia".

La fuente de vida es Dios. La fuente de robo, destrucción y muerte es el diablo.

El problema aquí en Job capítulos 1 y 2 lo explica la biblia bien claramente.

En Job 3: 25-26 dice: "Porque el temor que me espantaba me ha venido, Y me ha acontecido lo que yo temía. No he tenido paz, no me aseguré, ni estuve reposado; No obstante, me vino turbación".

El temor es una puerta abierta para que me suceda todo aquello a lo que le tengo miedo.

Como hijos de Dios deberíamos ser las personas más firmes de este planeta. Cada paso que damos deben ser pasos que sacudan el cielo y el infierno, deben hacer sacudir el reino de los hombres. Tú y yo deberíamos ser las personas más seguras que hay en este planeta. ¿Por qué? Porque somos hijos de Dios, somos cristianos, lavados con la sangre del Cordero, conocemos a Dios Padre, a Dios Hijo y a Dios Espíritu Santo. Tú y yo estamos llenos del Espíritu Santo. Tus pecados y los míos fueron lavados. El pasado ya pasó, ahora soy una nueva criatura.

Sabemos de dónde venimos: del corazón de Dios. Sabemos lo que tenemos que hacer en este planeta. Tenemos un propósito específico y sabemos cuál es nuestro destino. Nuestro destino es la casa de nuestro padre que está en los cielos.

La biblia dice que somos coherederos con Cristo y herederos de Dios. Tú y yo pertenecemos a la familia de Dios. Ya no tenemos una naturaleza caída sino una naturaleza divina. Y podría seguir diciéndote todo lo que tenemos y todo lo que somos, pero desgraciadamente, cuando tú y yo tenemos temor, le abrimos la puerta a aquello que no queremos que suceda.

Job declaró: "No he tenido paz, no me aseguré, ni estuve reposado; No obstante, me vino turbación". Lo que hizo Job fue abrir la puerta. Estas tres cosas que Job no hizo son cosas en las que necesitamos reflexionar. Tenemos que vivir en paz. El príncipe de paz vive y está sentado en el trono de tu corazón.

Asegúrate cada día. Levanta tus manos antes de salir de tu casa y dile Señor: "en el nombre de Jesucristo pongo mi vida en tus manos". Más seguro no puedes estar. Dile: "Señor, cúbreme con tu sangre preciosa, envía tus ángeles alrededor de mi para que me guarden". Recuerda siempre que Su Palabra declara: "El ángel de Jehová acampa alrededor de los que le temen, y los defiende". Salmos 34:7. Dios envía a su ángel para que salve del peligro a todos los que lo honran.

También dice en Proverbios: "Fíate de Jehová de todo tu corazón, Y no te apoyes en tu propia prudencia. Reconócelo en todos tus caminos, Y él enderezará tus veredas. No seas sabio en tu propia opinión; Teme a Jehová, y apártate del mal; Porque será medicina a tu cuerpo, Y refrigerio para tus huesos". Proverbios 3.5-8

"Reconóceme en todos tus caminos y yo enderezaré tus

veredas", dice el Señor, "no seas sabio en tu propia opinión, teme al Señor y apártate del mal.

¿Qué hizo Job? Abrió la puerta del temor y a través de esa puerta entró el mismo Satanás y toda la desgracia que vivió. La escritura menciona claramente que antes de que todo esto le sucediera Job tenía un temor que constantemente le espantaba: "y si se quema la cosecha, y si se mueren mis hijos, y si me roban, y si... y si".

Todos esos "y sis" se convirtieron en realidad porque él no se aseguró en el Señor. Tenía un temor constante de que todas las bendiciones que el Señor le había dado de un momento a otro se las iba a quitar. Es muy importante que te des cuenta de algo: si él te lo ha dado no te lo quitará.

Romanos 11. 29 dice: "Porque irrevocables son los dones y el llamamiento de Dios." Una vez que Dios te ha regalado algo, él no te lo quitará.

Dios no anda jugando como los niños que dicen "dame mi pelota", te la quitan y se van. Dios te lo entrega para siempre, pero si tú lo pierdes es tu culpa.

2. Lo único que el Señor no te ha dado

Lo único que Dios no nos ha dado es un espíritu de cobardía:

Fíjate lo que dice 2 Timoteo 1.7: "Porque no nos ha dado Dios espíritu de cobardía, sino de poder, de amor y de dominio propio".

El espíritu de temor no me lo ha dado el Señor, y si Dios no me lo dio, yo no lo quiero. Dios nunca nos quita sus dones. El temor de Job no tenía absolutamente ningún fundamento. Dios nunca amenaza con quitarnos sus bendiciones. Acuérdate que él es el mismo ayer, hoy y para siempre. (Hebreos 13.8). Dios no cambia, los que cambiamos somos nosotros.

El temor también es como un imán. Cuando tienes temor ayuda a que te suceda aquello a lo que le temes.

Job 3.25: " Porque el temor que me espantaba me ha venido, Y me ha acontecido lo que yo temía".

Si hay alguien que entendía este principio era Jesús. En una ocasión él se subió a una barca y le dijo a sus discípulos: "pasemos al otro lado". El Señor estaba cansado de ministrarle a multitudes. Cuando empiezan a navegar, el Señor se queda dormido, pues el descansó en su palabra, porque les dijo: pasemos al otro lado.

Y dice la biblia que se quedo profundamente dormido, tanto que ni sintió los truenos, ni la lluvia ni que la barca se estaba hundiendo. Los discípulos no tenían manos suficientes para echar fuera toda el agua que se estaba metiendo dentro. Así que corrieron a él, lo sacudieron y le gritaron: "Señor, por favor, ¿que no te preocupa que nos estamos por morir ahogados?"

¿Tú crees que a Dios se le escapan estas cosas? ¿Piensas que a Dios le va a fallar algo? Imagínate que diga: "¡Ay, se me ahogó mi hijo! Y que en vez de morir en la cruz haya muerto ahogado en el mar de Galilea. Y que en vez de andar trayendo colgadas unas cruces traigamos colgando unas peceritas.

¡A Dios no se le escapa una! Y si él dijo pasemos al otro lado, es porque cuando él lo disponga allí estaremos. Él es el mismo que dijo: "No se turbe vuestro corazón; creéis en Dios, creed también en mí. En la casa de mi Padre muchas moradas hay; si así no fuera, yo os lo hubiera dicho; voy, pues, a preparar lugar para vosotros... para que donde yo estoy, vosotros también estéis". Juan 14.1-3

Si él está hace más de dos mil años preparándonos un lugar, significa que va a volver por nosotros. Ahora imagínate nada más cómo será el lugar donde vamos a estar morando junto con él. Si en 6 días hizo esta magnífica creación que es el mundo donde vivimos, imagínate cómo va a estar allá arriba si ya lleva dos mil años preparándolo. Con razón dice la biblia en 1 Corintios 2.9: "Cosas que ojo no vio, ni oído oyó, Ni han subido en corazón de hombre, Son las que Dios ha preparado para los que le aman."

Volvemos a la historia: luego de ser despertado bruscamente por sus discípulos, se levanta el Señor, calma la tormenta, serena las aguas y dice que se hizo grande bonanza. Y llegaron al otro lado. ¿Se cumplió o no se cumplió su palabra? ¿Los cuidó el Padre o no?

Ahora pregunto, ¿será que al Señor se le escapan ciertas cosas? Entonces ¿por qué traes esa cara de preocupado y afligido? ¿Por qué tenemos tanto temor? ¡Saca los "y sis" de tu vida hoy mismo!

Y se baja el Señor de la barca y resulta que cuando llegaron se dieron cuenta que la multitud había dado la vuelta al mar y ya los estaban esperando. El Señor empieza a compartirles la palabra. Y cuando empieza, en medio de la clase que estaba dando, un tipo interrumpe y le dice: "Señor, mi hija se está muriendo, por favor ayúdame". Era un hombre llamado Jairo, principal de la sinagoga, era uno de los líderes de ese tiempo, sin embargo interrumpió al maestro.

Y Jesús fue con este hombre. Dice que la multitud lo aplastaba. Pero el Señor iba feliz con todos ellos. No creas que el Señor era de los que se subían a su auto para que la multitud no lo tocara. No era de esos. Él se iba en medio de la gente, cuando de repente dice que se detiene. Se da la vuelta y pregunta: "¿Quién me tocó?" Pedro le dice: "Señor, ¿cómo que quién te tocó? ¡Si nos vienen apachurrando aquí!"

Y Jesús vuelve a decir: "alguien me tocó, y quiero que dé su testimonio". Y nadie se animaba a levantar la mano. "No me muevo de aquí hasta que digan quién me tocó, porque de mí ha salido poder. ¿Quién me tocó con fe?"

Finalmente una señora levanta la mano y dice: "yo te toqué, Señor, pero ya no lo vuelvo a hacer, perdóname".

"No, señora, pase por favor. Denle el micrófono, denos su testimonio".

Imagínate a Jairo, todo desesperado, diciendo: "¿Cómo que su testimonio? Señor, por favor, ¡que se muere mi hija!"

E imagínate a Jesús diciéndole: "No importa, hombre, yo soy la resurrección y la vida, no te angusties. A ver señora, qué pasó?"

"Bueno, hace 12 años..." imagínate, empieza su historia desde hace 12 años y Jairo todo desesperado.

Mientras la señora relataba que había ido a ver a todos los médicos y gastado todo lo que tenía, llega el siervo de Jairo y con una sensibilidad impresionante le dice: "Jairo, ya no molestes al maestro porque tu hija ya se murió".

El pobre tipo empieza a temblar, pero ¿sabes una cosa? Me encanta Jesús, porque a mi Dios no se le escapa una. Mientras escucha a la mujer y al mismo instante en que el siervo le da las malas noticias a Jairo, Jesús se da vuelta y le dice: "no temas, cree solamente".

No temas, cree solamente. ¿Sabes lo que hizo Jesús? Le cerró la puerta al temor en la vida de este hombre. ¿Y sabes lo que tú tienes que hacer todos los días de tu vida? Arrebatarle al diablo toda oportunidad para que te quite, te robe, te mate y destruya tus posesiones. Lo que Dios te dio es tuyo, no dejes que nadie te lo quite.

Más de 64 veces en el Nuevo Testamento el Señor le dijo a la gente "no temas". No hay nada que temer en esta vida. El día de hoy tu vida y mi vida están seguras en las manos de Dios.

Él dijo "pasemos al otro lado". El dijo "voy a prepararles un lugar, no se turbe vuestro corazón, por nada estén afanosos".

Lo más que nos puede llegar a pasar es morimos, y Pablo dijo: "para mí el vivir es Cristo y el morir es ganancia". (Filipenses 1.21) ¿Te imaginas qué seguridad podemos tener nosotros si tan solo creemos su palabra?

3. Cómo asegurarnos en Dios

El salmo 48 es extraordinario:

"Porque este Dios es Dios nuestro eternamente y para siempre; El nos guiará aun más allá de la muerte." Salmos 48:14

Con razón comienza David diciendo en el versículo 1: "Grande es Jehová, y digno de ser en gran manera alabado".

¿Qué Dios te puede asegurar esto? ¿Qué agencia de viajes te puede asegurar que alguien será tu guía más allá de la muerte? Nadie, solo nuestro Dios.

1 Juan 4.4 dice lo siguiente: "Hijitos, vosotros sois de Dios, y los habéis vencido; porque mayor es el que está en vosotros, que el que está en el mundo."

Mayor es el que está en ti que el temor que gobierna este mundo. El mayor esta en ti, y lo vas a vencer.

En la segunda carta a Timoteo, Pablo escribe: "Por lo cual asimismo padezco esto; pero no me avergüenzo, porque yo sé a quién he creído, y estoy seguro que es poderoso para guardar mi depósito para aquel día." 2 Timoteo 1.12

Me encanta la firmeza de Pablo. ¿Cuál es tu depósito? Tu vida, tu cuerpo, tu alma, tu espíritu.

5 Tipos de temores

Hay muchos tipos de temores en este mundo que atacan a la humanidad. Sería imposible nombrarlos a todos pero vamos a ver unos cuántos. Si tú tienes alguno de estos hoy lo derribaremos.

1. Temor a lo desconocido. La humanidad del día de hoy tiene una enorme curiosidad por conocer el futuro. Existen millones de personas que no se mueven de sus casas si no consultan el horóscopo. Si las estrellas no les favorecen no se atreven a moverse. ¿Sabías tú que algunos tienen sus

gurús que les dicen "hoy puedes salir, hoy mejor no, hoy no te favorecen las estrellas" y van a que les lean las manos, la cabeza, la frente y qué se yo cuantas otras cosas? El otro día leí que ahora hasta leen la rodilla. Te leen el café, te leen el té, cualquier cosa con tal de sacarte el dinero. Esta clase de gente tiene atemorizada a muchas personas.

Fíjate lo que te dice Dios en Isaías 45:11: "Así dice Jehová, el Santo de Israel, y su Formador: Preguntadme de las cosas por venir; mandadme acerca de mis hijos, y acerca de la obra de mis manos."

¿Quieres saber lo que va a pasar en el futuro? Pregúntale al Señor. ¿Quieres saber qué nos espera? Ponte a leer el libro de Apocalipsis. Deja que el Señor te revele lo que va a suceder, no tienes por qué consultar con ningún brujo ni hechicero, pregúntale a tu Dios. Él es el dueño del pasado, del presente y el futuro. La palabra de Dios me dice en Apocalipsis 17.14: "Pelearán contra el Cordero, y el Cordero los vencerá, porque él es Señor de Señores y Rey de reyes; y los que están con él son llamados y elegidos y fieles."

Tú y yo tenemos nuestro futuro asegurado. Porque mi Dios ya estuvo allí, él ya estuvo en el futuro, regresó y me dice su palabra que ganamos.

Estamos en el equipo que gana. Qué me importa lo que venga en el futuro, lo único que sé es que ganamos. Si tu Dios es el Dios del futuro, tu futuro ya está asegurado.

2. *Temor a la muerte.* Este enemigo ha estado con la humanidad desde el principio. Algo es seguro: en algún momento vas a morir. No hay escape. Pero ¿qué es la muerte para el cristiano? Es simple y sencillamente una

puerta abierta para que entremos a una relación más intima y espectacular con nuestro Dios. Con razón Pablo dijo "para mí el morir es ganancia".

¿Sabes qué es la muerte para el cristiano? Es un adiós mundo cruel, ¡buenos días Señor Jesucristo!

La muerte para el cristiano es simplemente la anestesia que el Señor utiliza para cambiarnos de cuerpo. El día de hoy escribo desde un modelo 60, convertible (pues me estoy quedando calvo), y que ya está medio usado. Tiene mucho motor todavía pero ya esta acabándose. Mi Dios tiene preparado para mí un 0km. Ni Superman me va a alcanzar.

La muerte es cuando el conductor se sale. Recuerda que tú eres un espíritu que tiene un alma y que está dentro de un cuerpo. Lo que pasa cuando mueres es que tanto tu espíritu como tu alma se salen. Los autos que están estacionados en la calle se quedaron parados, estáticos, muertos y apagados porque no está el conductor. Cuando entra el conductor, lo enciende, prende las luces y se va. Es lo mismo con la muerte. Es cuando tu espíritu y tu alma se salen de tu cuerpo y tu cuerpo queda sin conductor.

En Argentina hubo una vez un plan canje que publicó el gobierno. En ese entonces los ciudadanos entregaban sus automóviles viejos y las autoridades le entregaban un cupón por un valor de 4,500 dólares. Con ese comprobante podían ir a cualquier concesionaria y dar eso como un adelanto en pago de su auto nuevo.

La muerte es como el plan canje para ti. El Señor te va a cambiar ese cuerpo lleno de canas, defectos, dolores y arrugas por uno nuevo 0 km. No tienes por qué tenerle miedo a la muerte. Antes de conocer al Señor le tenía mucho miedo a la muerte. Pensaba que me iba a doler mucho, que iba a gritar, creía que iba a caer en un pozo infinito y que los demonios me iban a acompañar hasta abajo picoteándome con sus tenedores. Pero de acuerdo a lo que yo veo en las escrituras la verdad es muy diferente. ¿Te acuerdas lo que pasó cuando se murió el mendigo, ese que pedía en la casa de un rico? Dice la biblia que cuando murió dos ángeles se pararon enfrente de él y le dijeron: vámonos, y lo llevaron hasta la misma gloria.

Dios enviará ángeles para asegurarse de que llegues a tu destino final: ¿cuál es ese destino? La casa de tu padre que está en el cielo.

Si el Señor de levantó de entre los muertos, tú y yo también lo vamos a hacer. En 1980 tuve la oportunidad de visitar la tierra de Israel. Fuimos allí con mi esposa y otros cristianos. Primero nos llevaron a la tumba de Abraham, y la tumba es famosa porque allí están los huesos de Abraham. Luego nos levaron a la tumba de David, la cual también es célebre porque allí se encuentran los huesos del rey David.

Pero luego nos llevaron a una tercera tumba muy rara porque estaba vacía, y en la puerta había un cartel que decía: "¿buscan a Jesús de Nazaret? No está, porque ha resucitado".

Esa tumba está vacía, y la tuya también lo estará. No hay entonces lugar para el temor al futuro ni el temor a la muerte. Ahora veremos que tampoco debes tener

3. Temor al fracaso. Yo no sé qué es lo que pasa pero este temor te impide que te proyectes. Te impide que logres

tus metas, te impide que planees cosas y que lleves a cabo tus sueños. ¿Te gustaría empezar un negocio, hacer esto o aquello? Este temor al fracaso te detiene y te dice: "¿y si no lo logras, y si te roban? ¿Y si no lo vendes, y si esto o aquello?"

¿Has querido alguna vez empezar nuevos proyectos y no los llevaste a cabo a causa de este temor? Carreras profesionales que debiste haber hecho, estudios, negocios que debiste haber conseguido y no los hiciste por causa de este temor. Quiero decirte que ni tú ni yo somos herederos del fracaso, sino herederos del éxito. Vamos a lograrlo. Tenemos que prosperar en esta vida. Vamos a salir adelante. Y como lo mencioné anteriormente: si no me funciona esto le voy a buscar por otro lado, pero no voy a detenerme hasta que lo logre.

Así como el Señor le habló a Josué así nos habla a tu y a mí el día de hoy: "Solamente esfuérzate y sé muy valiente, para cuidar de hacer conforme a toda la ley que mi siervo Moisés te mandó; no te apartes de ella ni a diestra ni a siniestra, para que seas prosperado en todas las cosas que emprendas." Josué 1: 7

Es hora de que tengamos un espíritu de león y no de ratón. La biblia no dice que Jesucristo sea el ratón de la tribu de Judá. ¿Qué dice? Él es el león de la tribu de Judá y así es como debes enfrentarte a la vida todos los días. Antes de levantarte échate unos buenos rugidos y di con toda confianza:"ahí te voy, vida. No voy a dejar que pase una sola oportunidad, me voy a agarrar de todas".

Mira los versículo 8 y 9 del libro de Josué: "Nunca se apartará de tu boca este libro de la ley, sino que de día y de noche meditarás en él, para que guardes y hagas conforme a todo lo que en él está escrito; porque entonces harás prosperar tu camino, y todo te saldrá bien. Mira que te mando que te esfuerces y seas valiente; no temas ni desmayes, porque Jehová tu Dios estará contigo en dondequiera que vayas. "

Dios te dice hoy "no temas". El temor es un ancla. El temor te detiene, te impide avanzar en la vida, te impide lograr lo que Dios ha puesto dentro de ti. No creas que es el diablo el que te dice por dentro "vas a prosperar, vas a salir adelante, vas a lograrlo". Es Dios, es su Espíritu que Él ha puesto dentro de ti el que te empuja y te anima para seguir adelante.

¿Quieres ser un fracasado toda tu vida? ¿De verdad anhelas vivir en completa miseria, de tal forma que la gente llore al verte? ¿Sabes por qué nadie lo quiere? Porque Dios no puso ese sentir en nuestro corazón.

¿Quieres salir adelante? ¿Quieres prosperar? ¿Quieres que te doblen el salario? ¿Quieres tener logros en esta vida? ¿Sabes por qué anhelas todas estas cosas? Porque Dios te lo puso allí adentro. Entonces no le tengas miedo al fracaso.

Lee conmigo este precioso salmo:

"Bienaventurado el varón que no anduvo en consejo de malos,

Ni estuvo en camino de pecadores,
Ni en silla de escarnecedores se ha sentado;
Sino que en la ley de Jehová está su delicia,
Y en su ley medita de día y de noche.
Será como árbol plantado junto a corrientes de aguas,
Que da su fruto en su tiempo,

Y su hoja no cae;
Y todo lo que hace, prosperará".

Salmo 1:1-3

Y mira lo que dice el libro de Deuteronomio: "A los cielos y a la tierra llamo por testigos hoy contra vosotros, que os he puesto delante la vida y la muerte, la bendición y la maldición; escoge, pues, la vida, para que vivas tú y tu descendencia; amando a Jehová tu Dios, atendiendo a su voz, y siguiéndole a él; porque él es vida para ti, y prolongación de tus días; a fin de que habites sobre la tierra que juró Jehová a tus padres, Abraham, Isaac y Jacob, que les había de dar". Deuteronomio 30:19-20

"Guardaréis, pues, las palabras de este pacto, y las pondréis por obra, para que prosperéis en todo lo que hiciereis". Deuteronomio 29:9

Podría escribir y seguir escribiendo para mostrarte más versículos donde Dios expresa su deseo de que avancemos en la vida y seamos prósperos. Simple y sencillamente: no le tengas temor al fracaso, Dios está contigo y desea tu prosperidad.

Veamos a continuación otro de los temores a los que diariamente nos enfrentamos:

4. Temor a la enfermedad. En la tercera carta a Juan, en el capítulo dos leemos: "Amado, yo deseo que tú seas prosperado en todas las cosas, y que tengas salud, así como prospera tu alma." 3 Juan 2

Hay un espíritu de enfermedad que es un demonio. Ves que el otro tiene alguna enfermedad y empiezas a pensar:

"me va a dar". Sigue abriéndole la puerta y te va a dar.

Cómo odio esos anuncios publicitarios que dicen "Osteoporosis: le da al 99,9 % de las mujeres". Entonces las pobres mujeres empiezan a pensar: "soy mujer, de seguro me va a dar" o se empiezan a revisar: "¿Y esta bolita que será? Me va a dar, a mi abuelita ya le pasó, a mi mamá también. ¡Ay no!"

La palabra de Dios nos enseña que él llevó todas mis enfermedades, todas mis dolencias en la cruz, así que eres sano en el nombre de Jesús.

"Mas a Jehová vuestro Dios serviréis, y él bendecirá tu pan y tus aguas; y yo quitaré toda enfermedad de en medio de ti. " Éxodo 23.25

Cuando encuentras un versículo así necesitas echarte un buen rugido de león.

No le abras la puerta a este temor. Finalmente, otro de los temores que tiene como rehenes a la mayoría de la población de este mundo:

5. El temor a no tener suficiente. Todo el mundo está secuestrado por el temor a la escasez. El temor a la carencia, a la devaluación. ¿Has tenido esos temores? Todos los que gobiernan este mundo nos han hecho creer que hay escasez de tierra, que hay escasez de comida, de agua, de dinero, etc. Te salen con cosas como "el osito panda se está muriendo, salven a las ballenas, ya no hay agua en este planeta" y cosas como ésas. Pero lo peor es que te lo crees. Escuchas por ahí: "Ya no cabemos en el planeta, hay sobrepoblación" y lo peor de todo es que tú dices amén.

¿Cuantos kilómetros libres de tierra hay de aquí hasta la próxima ciudad? ¿Y de allí hasta el otro pueblo? ¿Sabías que la tierra está vacía? Se hizo un cálculo y existen 194 millones de tierra seca vacíos, sin contar la Antártida. Si juntaras a todos los pobladores de la tierra hombro con hombro solamente cubrirías un espacio de 700 kilómetros cuadrados.

Luego vienen los que manejan las estadísticas y te dicen: "¿Sabías tú que cada vez que respiras un hindú se muere de hambre?" Pero ¿sabes realmente por qué se muere de hambre esa pobre gente? Por brutos, no por falta de comida. Mientras que están todos flacos, cayéndose del hambre, las vacas les pasan por encima, y unas vacas tremendamente gordas y grandotas. He estado en la India y en Nepal, donde yo mismo he visto cómo se están muriendo de hambre por creer la mentira y haber rechazado la verdad de Dios.

¿Sabías tú que se hizo un cálculo y existen aproximadamente 200 millones de vacas gordas en la India? Con lo que come una vaca le podrías dar de comer a siete hombres. Si le dejaran de dar de comer a las vacas y comenzaran a alimentar a los hombres podrían dar de comer a 1,400 millones de personas de todo el planeta tierra sin matar la vaca.

Dios promete suplirnos todas nuestras necesidades si le obedecemos y le servimos. Y por otro lado, todo nos va a faltar si rechazamos su palabra y la torcemos. El propio hombre es el que ha contribuido a la escasez y los resultados los puedes ver diariamente, son obvios. Millones de personas se están muriendo de hambre todos los años y miles de personas viven en total escasez porque el mismo hombre está oprimiendo al hombre.

No es que a Dios se le fue de las manos. Cuando él hizo al hombre le dijo: "fructificad, multiplicaos y llenad la tierra". Dios no nos ve el día de hoy llorando desesperadamente y gritando: "¡Son más de 7,000 millones, nunca calculé que fuera a haber tantos!". Él dijo: "fructificad, multiplicaos y llenad la tierra". No hay problema. Hay suficientes tierras, hay suficiente agua, hay suficiente comida.

Necesitamos caminar derechitos con Dios. Decide el día de hoy cortarle la cabeza a estos gigantes y comienza a caminar con una seguridad y una firmeza como nunca antes has caminado. No más temores. Ciérrale la puerta a esos miedos que te impiden avanzar.

Ora conmigo:

Señor, el día de hoy decido confiar en tu palabra. Derribo, en el nombre de Jesús, todo temor de mi vida. Hoy empiezo a caminar con una firmeza y seguridad como nunca antes. Soy libre gracias a ti.

El día de hoy el Señor te dice: "Confía en mí pues Yo estoy contigo. Te di mi salvación y te llamé por tu nombre. Tú eres mi hijo y mi hija, no temas".

Confianza es fe en Dios, sin fe no podemos agradar a Dios, y con fe no hay nada imposible para él.

"No temas, porque yo estoy contigo; no desmayes, porque yo soy tu Dios que te esfuerzo; siempre te ayudaré, siempre te sustentaré con la diestra de mi justicia." Isaías 41.10

CAPÍTULO 4:
SANANDO LAS HERIDAS DEL ALMA

Vamos a empezar esta sección leyendo un pasaje en el libro de Isaías: "Y temerán desde el occidente el nombre de Jehová, y desde el nacimiento del sol su gloria; porque vendrá el enemigo como río, mas el Espíritu de Jehová levantará bandera contra él". Isaías 59:19

Satanás está dedicado a tres cosas: a robar, matar y destruir. Pero mira el ministerio de nuestro Dios: "Yo he venido para que tengan vida, y para que la tengan en abundancia." Juan 10.10

Cuando habla de vida esa palabra es "zoe", que significa "el mismo estilo de vida que Dios tiene". Por más que el diablo venga a tratar de destruirnos como un río el Señor se levantará como un estandarte, se pondrá en frente de ti para protegerte. Y aunque el diablo venga a robarnos, a matarnos y a destruirnos, aunque haya hecho de sus payasadas en nuestra vida, el Señor siempre se va a levantar para darnos el mismo estilo de vida que Dios tiene.

A veces pensamos que la gente como Moisés, Abraham

y David llevaban vidas sin problemas, como que nunca tocaban el piso. Los vemos como muy espirituales, pero no sé si has leído bien la historia de cada uno de estos personales, pues iban de un problema a otro, de un lío al otro, se metían en cada una... pero en todos sus problemas y dificultades el Señor siempre los sacaba adelante.

Quiero advertirte algo, y es una promesa del Señor: "En el mundo tendréis aflicción; pero confiad, yo he vencido al mundo." Juan 16.33

Si alguna vez te dijeron "acepta a Cristo y se acabaron tus problemas" entonces te mintieron. Acabas de leer una promesa de Dios que te confirma que tendrás aflicciones, pero luego te dice "no te preocupes que yo he vencido y conmigo saldrás adelante".

Cuando piensas en el rey David tal vez te lo imaginas tocando el arpa todo el día, pero eso no era lo que hacía siempre. El andaba matando leones y osos. Mataba gigantes, iba de lío en lío. Y a pesar de que era un músico extraordinario, reconocido por su pueblo y a pesar que la presencia de Dios estaba en su vida, mira lo que escribió:

"Oh Jehová, cuánto se han multiplicado mis adversarios! Muchos son los que se levantan contra mí". Salmo 3.1

¿Te das cuenta que no todo era tan fácil en su vida? David no andaba de arpa en arpa ni de nube en nube, sino de lío en lío, de adversario en adversario. Se le levantaba uno por acá, y luego otro al frente y luego uno más por atrás. Y mira lo que decían de él:

"Muchos son los que dicen de mí: No hay para él salvación en Dios". Salmo 3.2

Pero el versículo 3 es extraordinario. Porque sí, hay muchos líos, problemas y broncas. No podemos negar las crisis, pero hay Alguien que una gran diferencia:

"Mas tú, Jehová, eres escudo alrededor de mí; Mi gloria, y el que levanta mi cabeza". Salmo 3.3

¡No estamos solos!

"Y sabemos que a los que aman a Dios, todas las cosas les ayudan a bien, esto es, a los que conforme a su propósito son llamados. " Romanos 8.28

Lee esto en voz alta: Por más horrible que esté la cosa, por mas líos y problemas que esté viviendo, yo sé que mi Dios tiene la capacidad de darle la vuelta a todo eso y convertirlo en una bendición.

Ese es el estilo de Dios, es lo que Él acostumbra hacer. Así que espero que vayas levantando tu cabeza, no todo está perdido aunque lo parece.

Dios está altamente interesado en levantar tu vida. Acabas de leer que el Señor es tu escudo, tu gloria y el que levanta tu cabeza. El Señor Jesucristo está en el negocio de levantar cabezas.

El Señor dijo: "yo edificaré mi iglesia; y las puertas del Hades no prevalecerán contra ella". Mateo 16.18

El Señor está interesado en edificar Su iglesia. Los edificios no son la iglesia, sino aquellas personas que lo aceptan y reconocen como su Señor y salvador. Tú eres la iglesia, por lo tanto, el está muy interesado en edificar y levantar tu vida. Y dijo que las puertas del infierno que se levanten contra ti no prevalecerán, no aguantarán, se caerán delante de ti.

Desgraciadamente hay muchas puertas que se levantan en nuestra contra. Muchos cristianos hoy en día están amarrados, anclados, y eso les impide avanzar en la vida. Hay frenos como complejos, temores, traumas, inseguridades, compararse con otros, etc.

Quiero darte una tarea. En el espejo donde te ves todas las mañanas, pon este versículo en una hojita de papel:

"Te alabaré; porque formidables, maravillosas son tus obras; Estoy maravillado, Y mi alma lo sabe muy bien." Salmos 139.14

Apréndetelo de memoria. Así alabaras a Dios cada vez que te veas frente al espejo. Podrás decir: "te alabo por mi nariz, por el color de mis ojos, gracias por cada arruga que crece". Es lo normal que envejezcamos, porque quién quiere vivir en este mundo por la eternidad. Lo normal es que lo de afuera vaya en decadencia, pero lo de adentro se vaya fortaleciendo. La biblia compara este cuerpo terrenal con una tienda de campaña, y dice que el cuerpo que tendremos cuando seamos glorificados será como un edificio de Dios.

Tú eres una idea de Dios. No eres un accidente. Somos dueños de increíbles potenciales, pero nuestros complejos nos impiden que todo ese potencial se pueda desarrollar. Dios no quiere que estés detenido ni anclado. Es tiempo de zarpar y buscar qué es lo que Dios depositó dentro de ti para que lo empieces a sacar: ¡Prohibido morirse e irse a la tumba con todo lo que Dios puso dentro de ti!

Cuando él te hizo sopló aliento de vida a tu interior.

Dentro de ti está el aliento de Dios. Con ese mismo aliento Dios hizo todo el universo y esa vida en abundancia está dentro de ti.

Estas heridas del alma nos impiden sacar el aliento de Dios que está en mostros.

La historia de Mefi-boset

Quiero compartirte la historia de un hombre que se llamaba Mefi-boset, pero primero veamos el contexto. Seguramente has escuchado hablar de Saúl, quien fue el primer rey de Israel. La gente lo escogió y el profeta Samuel lo puso en su cargo muy a pesar de Dios, a quien no le gustaba mucho la idea. Porque el pueblo rechazó a Dios y puso a Saúl en su lugar.

¿Sabes por qué los gobiernos de este mundo fallan? Porque fuimos creados para vivir en teocracia, donde Dios está al mando de todo y no nosotros. Por eso la alabanza y la adoración es un golpe de estado a tu gobierno. Cuando empieza la alabanza estás sentado muy cómodamente en tu gobierno, pes viene reinando el yo, quien siempre está diciendo: "a mí me hicieron, a mí me dijeron, yo estoy adolorido, estoy sangrando, tengo bronca dentro, estoy enojado, celoso, yo, yo, yo". Cuando gobierna el yo esa vida es un asco.

Pero cuando comienza la alabanza te desafía, es como si te dijera: "¿Qué haces ahí sentado? ¡Ponte de pie, empieza a cantar! Y ya para la adoración te dice: "Hazte a un lado porque allí viene uno que realmente sabe gobernar tu vida y se llama Jesucristo", y cuando empezaste a decirle "te amo, te amo" en adoración, el Señor se sienta en tu trono, y cuando él lo hace entra la paz. Y cambia la atmósfera.

Saúl era egocéntrico y un tipo que hacía lo que siempre se le daba la gana, hasta que un día Dios lo desechó como rey. Saúl tenía un hijo que se llamaba Jonatán, que era muy amigo del que iba a ser el próximo rey: David.

Jonatán llevaba una vida de príncipes y se casó con una muchacha con la cual tuvieron un hijo. Imagínate el futuro que tendría este bebé. A ese niño le pusieron por nombre Mefi-boset . Este niño nació en cuna de oro, cinco nodrizas le cayeron encima apenas nació: jamás se paspó la colita y apenas lloraba ya tenía una de las nodrizas que se acercaba para ver qué le pasaba.

Durante sus cinco primeros años llevó la vida de un príncipe. Imagínate sus juguetes, el cuarto real, su cuna tal vez de oro, sábanas y cobijas de primera calidad. Tenía por delante un futuro prometedor, pues él iba a heredar el reino y todas las cosas de su padre. Nació para ser príncipe.

Pero hay veces que en la vida suceden cosas que le dan vuelta a todo lo que estaba pronosticado. No sé por qué pasan estas cosas pero suceden. Un día tienes todo y al otro se te viene abajo el mundo entero.

¿Conoces gente a la que se le ha venido el mundo abajo? A lo mejor la has visto en el espejo el día de hoy.

En el segundo libro de Samuel, en el capítulo cuatro versículo cuatro leemos la historia del hijo de Jonatán. Un día, el abuelo de Mefi-boset , Saúl, pierde la batalla, y ante tamaña derrota se quita la vida. Su padre, el príncipe Jonatán, al ver lo que hizo su padre no duda tampoco en suicidarse. Todos los enemigos del rey de repente enfilan hacia el palacio para arrasar con toda la familia real y de esa manera dar un golpe de estado con el fin de imponer un nuevo gobierno.

Una de las nodrizas de este niño, al saber que ya se venían los enemigos del rey al palacio, toma con rapidez al niño de cinco años y empieza a correr por el bosque apresuradamente. Imagínate la desesperación de esa muchacha. En una de esas se tropieza, se cae, y de seguro se le cayó encima al niño, porque dice la Biblia que le quebró los dos tobillos. Ella se levantó, lo volvió a cargar y siguió corriendo para salvar su vida. Seguramente escuchó llorar al niño pero ha de haber imaginado que era por el susto.

Para cuando se dieron cuenta que los dos tobillos estaban rotos ya se le habían soldado mal, y por si eso fuera poco, en un solo día perdió a su abuelo el rey, a su padre el príncipe, perdió toda su herencia, perdió su palacio, perdió a su madre, perdió absolutamente todo, y encima ¡quedó minusválido de por vida!

Y fue a parar a un lugar llamado Lodebar. El niño queda en cierta manera prisionero en ese lugar, porque si alguien llegara a descubrir que en ese lugar se encuentra el hijo de Jonatán y nieto de Saúl, de seguro sus enemigos lo iban a matar.

Lodebar es el lugar donde los príncipes se vuelven mendigos. Donde las princesas se convierten en pordioseras. Y de allí en adelante imagínate nada más la vida que debe haber llevado este niño, minusválido de por vida. Quedó paralizado de los pies, empezó a crecer y yo me imagino que él se asomaba por la ventana y veía a los demás niños jugando, trepando los arboles, montando a caballo, jugando a la pelota, tirándose al río, caminando hacia la montaña, pero él nunca pudo.

¿Te imaginas todos los complejos que deben haberse desarrollado en esa mente? Todos los temores. Quería hacer algo y la nodriza que se quedó con él todo el tiempo lo único que siempre le decía es "no puedes, otros pueden, pero tú nunca vas a poder".

Pasó el tiempo. Toda su niñez y parte de su adolescencia arruinada porque alguien lo dejó caer. Te hago una pregunta: ¿Será que alguien te ha dejado caer? ¿Será que alguien ha alterado tu vida para siempre? ¿Habrá alguien que ha roto tus tobillos de tal manera que ya no has podido caminar con normalidad por esta vida? ¿Alguien te ha sido infiel, alguien te ha dejado en la calle? ¿Alguien te engañó, te dejaron caer y te dejaron minusválido?

A este niño su nodriza fue la que lo dejó caer. Desgraciadamente, los que nos dejan caer en la vida son la gente que más cerca está de nosotros. Son los que más amamos y son los que aparentemente más nos aman.

Yo no sé si fue un padre, un tío, la verdad que no lo sé. A lo mejor te dijeron "nunca vas a poder, aprende de tu hermano o de aquel otro. Él si puede pero tú no". No sé cómo haya sido, la cosa es que te dejaron lastimado. A veces son frases inofensivas, pero te lastimaron.

¿Y qué es lo que hace el diablo? Satanás quiere arrancarte del palacio y convertirte en un mendigo.

Un día, dice la biblia, que David estaba sentado en su trono y de repente le vino a la mente una pregunta que dijo en voz alta: "¿Ha quedado alguno de la casa de Saúl, a quien haga yo misericordia por amor de Jonatán?" 2 Samuel 9.1. David quería saber qué había sido de la descendencia de su querido amigo.

"Y había un siervo de la casa de Saúl, que se llamaba Siba, al cual llamaron para que viniese a David. Y el rey le dijo: ¿Eres tú Siba? Y él respondió: Tu siervo. El rey le dijo: ¿No ha quedado nadie de la casa de Saúl, a quien haga yo misericordia de Dios? Y Siba respondió al rey: Aún ha quedado un hijo de Jonatán, lisiado de los pies.

Entonces el rey le preguntó: ¿Dónde está? Y Siba respondió al rey: He aquí, está en casa de Maquir hijo de Amiel, en Lodebar. Entonces envió el rey David, y le trajo de la casa de Maquir hijo de Amiel, de Lodebar". 2 samuel 9.2-5

Imagínate la escena. El rey pregunta dónde está. Le contestan que está en Lodebar, donde los príncipes se convierten en mendigos, y lo manda traer.

David le dice a su asistente personal: "Usa mi carruaje, usa mi guardia especial". Entonces sin esperar otro minuto más salió corriendo Siba, que era el siervo. Se sube al carruaje, da las órdenes pertinentes y sale con toda una comitiva para ese lugar.

¿Te imaginas cuando entraron a Lodebar el escándalo que armaron en ese pueblito? Entró la guardia personal del rey, entró el carruaje real. Todo el pueblo se vino a ver qué pasaba. Llegan a la casa donde estaba Mefi-boset y tocan a la puerta.

¿Te imaginan como empezaron a temblar allí adentro? Yo creo que la nodriza le decía a Mefi-boset: "Ahora sí ya nos descubrieron". A estas alturas Mefi-boset ya estaba grande, tenía alrededor de 23 años, se había casado y tenía un hijo, por lo que era poco probable que pudiera esconderse sin que le encontraran.

Finalmente abrieron la puerta. Y era Siba, conocido de la nodriza. Entró al guardia, lo sacaron y lo cargaron. Lo suben al carruaje, junto a la nodriza y todos los suyos, y se los llevan para presentárselos al rey.

¿Qué habrá ido pensando Mefi-boset: "Ahora sí, estoy fundido y mi cabeza va a empezar a rodar?". Finalmente entran al palacio, lo ponen enfrente del rey y dice el versículo 6:

"Y vino Mefi-boset, hijo de Jonatán hijo de Saúl, a David, y se postró sobre su rostro e hizo reverencia. Y dijo David: Mefi-boset. Y él respondió: He aquí tu siervo. Y le dijo David: No tengas temor, porque yo a la verdad haré contigo misericordia por amor de Jonatán tu padre, y te devolveré todas las tierras de Saúl tu padre; y tú comerás siempre a mi mesa". 2 Samuel 9.6-7

¡Qué increíble! Esta fue la palabra del rey a este muchacho. Tremendas promesas, tremendo futuro. De repente ya todo está bien, pues éste era el deseo del rey. Pero mira el alma de este muchacho, dice en el versículo 8:

"Y él inclinándose, dijo: ¿Quién es tu siervo, para que mires a un perro muerto como yo?"

¿Te das cuenta la condición de su corazón? El rey le está dando promesas tales como: "tu futuro es extraordinario a partir de hoy, recuperarás todo lo que perdiste, te voy a devolver todo, vivirás en el palacio y de aquí en adelante comerás a mi mesa como uno de mis hijos".

Y este en vez de decir, gracias, mi rey, es como si le estuviera diciendo: "Es imposible, no ves que soy como un perro muerto". ¿Has visto alguna vez un perro muerto? Es una de las escenas más espantosas, te tienes que dar vuelta y aguantar la respiración, pues es de lo más despreciable. Así sea cualquier otro animal, una ardilla o una paloma, es despreciable.

¿Te imaginas cómo estaba Mefi-boset de lastimado en su alma? A veces hemos estado prisioneros en Lodebar por muchísimo tiempo, y de ser príncipes y princesas nos hemos convertido en mendigos y pordioseros que caminan sin rumbo por esta vida. Y debido a las circunstancias, a la manera en la que nos trataron, a la manera en que nos rebajaron y nos avergonzaron ha venido un menosprecio a nuestra vida.

Pero el Señor viene y te dice: "si me aceptas, yo hago contigo una nueva criatura, donde las cosas viejas pasaron, ya todo es hecho nuevo. Morarás bajo la sombra del Omnipotente". El Señor nos promete que nuestro pasado quedará atrás y nos hace nuevos.

Pero nos es difícil creerle a Dios, porque esa gente en la que creíamos nos falló. Porque ese pastor me dijo no se qué, porque mi papá hizo tal cosa, porque mi a mamá le pasó esto, porque nos dejaron caer en la vida... nos lastimaron. A veces nos cuesta mucho trabajo creer en la biblia y en las promesas eternas de Dios.

Conozco una persona que durante toda su vida su papá le dijo: "si pasas de año te voy a llevar a Disneylandia". Y pasaba de año y le decía: "el próximo año, y el próximo año". Y así pasó toda la primaria, toda la secundaria, toda la universidad, y nunca su padre cumplió lo prometido. El día de hoy esa persona es alguien a quien le cuesta mucho trabajo creerle a Dios. Todo el día está sufriendo, salta de una enfermedad a otra, de un temor a otro y esta todo el día con una cara larga. No puede vivir una vida de victoria. No le falta nada, pero a la vez no tiene nada, pues no cree en nada ni en nadie. Lo dejaron caer.

Me encanta la actitud del rey David. Porque él podría haber tenido una actitud totalmente diferente cuando Mefi-boset le dijo que él era como un perro muerto a sus ojos. El rey David podría haber dicho: "¿sabes qué? Tienes razón, saquen este perro muestro de mi presencia inmediatamente y mátenlo por allá, tírenlo y sáquenlo de mi vista". Pero mira lo que le contesta:

"Entonces el rey llamó a Siba siervo de Saúl, y le dijo: Todo lo que fue de Saúl y de toda su casa, yo lo he dado al hijo de tu Señor. 10 Tú, pues, le labrarás las tierras, tú con tus hijos y tus siervos, y almacenarás los frutos, para que el hijo de tu Señor tenga pan para comer; pero Mefi-boset el hijo de tu Señor comerá siempre a mi mesa. Y tenía Siba quince hijos y veinte siervos.

¿Qué hizo el rey David? Llevó a cabo su plan. Si el rey David hizo esto imagínate cuanto más nuestro Dios va a cumplir cada una de sus promesas a pesar de mis temores, a pesar de mis complejos, a pesar de que me sienta yo inferior, a pesar de que me sienta traicionado. Mi Dios va a cumplir sus promesas en mí ahora en esta vida. Y si todavía te queda alguna duda lee Su palabra conmigo:

"Jehová cumplirá su propósito en mí;
Tu misericordia, oh Jehová, es para siempre;
No desampares la obra de tus manos". Salmos 138.8

El versículo 11 de Segunda Samuel capítulo 9 sigue diciendo:

"Y respondió Siba al rey: Conforme a todo lo que ha mandado mi Señor el rey a su siervo, así lo hará tu siervo. Mefi-boset, dijo el rey, comerá a mi mesa, como uno de los hijos del rey.Y tenía Mefi-boset un hijo pequeño, que se llamaba Micaía. Y toda la familia de la casa de Siba eran siervos de Mefi-boset".

Y aquí leemos que se cumplió la palabra del rey David: "Y moraba Mefi-boset en Jerusalén, porque comía siempre a la mesa del rey; y estaba lisiado de ambos pies". 2 Samuel 9.13

Ahora bien, si David como hombre, con sus fallas y todo, cumplió su palabra, ¿Realmente crees que tu Dios no cumplirá la palabra que te ha prometido? Quiero hacerte una pregunta:

¿Quién te dejo caer? ¿Quién te metió a Lodebar? En el mismo momento en que estás leyendo esto ha salido la orden desde el cielo de parte del Rey de reyes hacia tu vida para regresarte al palacio. Tú no eres una mendiga, una persona que te tienes que andar arrastrando por esta vida. Naciste para ser princesa. Naciste para ser príncipe. No tienes absolutamente nada que hacer en Lodebar. No tienes por qué tener esos complejos ni vivir en inseguridades.

El Rey te trae a Su castillo

¿Alguna vez te has detenido a mirar cómo camina una princesa? ¿Has visto que camine agachada y mirando al piso? Puede tener sus problemas y sus días malos, pero se baña todos los días, se peina, se arregla y camina mirando siempre adelante, con el cuello erguido y llena de seguridad.

No naciste para andar mendigando cariño, naciste para

ser una princesa, un príncipe, y de aquí en adelante el Señor, el Rey, te está invitando y está enviando a su Espíritu Santo para que te traiga al palacio con el fin de que comas delante de él todos los días.

En la mesa del rey ya no hay más dolor. En su mesa el pasado queda atrás. Ahora eres hijo e hija del rey.

Ahí dice que Mefi-boset era minusválido. Todos los dolores y heridas que traes en tu alma el Señor las quiere sanar. Te va a quitar el dolor, pero te va a dejar la cicatriz. Quedan las memorias, pero cuando Dios viene a tu vida, saca el dolor y solo queda la memoria, pero lo que recuerdas ya no te duele.

Cuando yo vivía en Cabo San Lucas todos los días iba a bucear a mediodía. En muchas de esas zambullidas me llené de cicatrices. A veces me metía en cuevas y andaba por ahí haciendo locuras,. A veces me agarraba una ola y me arrastraba por las piedras y quedaba todo hecho pedazos, pero luego de un tiempo se quitaba el dolor y quedaban solamente las cicatrices. La cicatriz hoy en día ya no duele, es solo un recordatorio de lo que pasé hace mucho tiempo atrás.

Hoy mismo el Señor arrancará todo el dolor de esas circunstancias feas por las que has pasado, te va a quitar el dolor y va a dejar la cicatriz por una razón: para que te acuerdes de dónde te sacó el Señor. Para que te acuerdes de su misericordia. Y para que cada vez que la mires recuerdes que todavía hay gente viviendo en Lodebar que necesita que tú vayas, los saques de allí y los traigas al palacio.

El Señor Jesucristo te quiere devolver a tu condición original de príncipe y princesa de Dios, quiere regresarte al palacio, sacarte de esa prisión del pasado en la que has estado viviendo y sentarte en su mesa.

El rey es tu Padre. Te lastimaron, te hirieron, te dejaron muy mal, pero hoy mismo deja que el Señor sane tus heridas perdonando al que te dejó caer, al que abusó, al que te traicionó, al que te fue infiel, al que se portó realmente mal contigo.

Haz conmigo esta oración y dile: "Señor, el día de hoy te doy gracias porque has venido a Lodebar, me has mandado traer y sacar para siempre de esta prisión del pasado. Ya no quiero vivir más en Lodebar. No quiero seguir llevando la vida de un mendigo. No quiero seguir viviendo en el pasado. Hoy me subo a tu carruaje para que me lleves al palacio".

No tengas miedo. Todas Sus promesas son sí y amén, dice la Palabra. Él realmente te va a empezar a dar la vida de un príncipe y una princesa.

Imagínate que ya has llegado al palacio e imagínalo lleno de luz. Imagínate Su trono, estás delante de Su trono. Su rostro resplandeciente como el sol al mediodía, sus pies refulgentes como bronce bruñido. Tiene un cinto de oro a través de su pecho. Su manto banco y un trono como nunca te habías imaginado. Sus manos poderosas...

El rey se levanta, se baja de su trono y se dirige hacia donde estás, te toma entre sus brazos, te levanta, te recuesta en su pecho y te dice: "todo ya pasó, ahora estás en mis brazos. De aquí en adelante yo me encargo de ti".

Siente cómo te aprieta contra su pecho con sus brazos eternos detrás de ti. Se acabó la inseguridad, se acabó el temor, se acabó el complejo para siempre. Se acabaron las inseguridades y las inferioridades. Se acabaron las preocupaciones. Estás en los brazos de tu padre, el Rey del universo.

En este momento el Señor está sanando todas tus heridas. Está enderezando tus tobillos. Está cantando cánticos de amor y liberación sobre ti y está plantando su paz eterna en tu corazón.

"Que Dios, quien nos da seguridad, los llene de alegría. Que les dé la paz que trae el confiar en él. Y que, por el poder del Espíritu Santo, los llene de esperanza". Romanos 15:13 (TLA)

ACERCA DEL AUTOR

Nació en la ciudad de México en el año 1953. A los 20 años recibió a Jesucristo como su Señor y Salvador y desde entonces le ha dedicado su vida enteramente.

Ingresó al Instituto Bíblico Cristo para las Naciones en la ciudad de Dallas, Texas y allí descubrió la importancia de la alabanza, la adoración, la grandeza de Dios y el valor de nuestras almas.

Desde que se graduó, ha sido pastor en la Ciudad de México por 4 años y 7 años en Baja California. Junto a Marcos Witt y Chuy Olivares provocaron una reforma de la Alabanza y de la Adoración en toda Latinoamérica.

Dirigió el Instituto Bíblico "Cristo para las Naciones" en la ciudad de Córdoba, Argentina, durante 15 años. Ha recorrido los 5 continentes predicando la Palabra de Dios y actualmente es pastor de la Iglesia "Amistad de Córdoba" en Argentina.

Estimado Lector

Nos interesa mucho sus comentarios y opiniones sobre esta obra. Por favor ayúdenos comentando sobre este libro. Puede hacerlo dejando una reseña en la tienda donde lo ha adquirido.

Puede también escribirnos por correo electrónico a la dirección info@editorialimagen.com

Si desea más libros como éste puedes visitar el sitio de **Editorialimagen.com** para ver los nuevos títulos disponibles y aprovechar los descuentos y precios especiales que publicamos cada semana.

Allí mismo puede contactarnos directamente si tiene dudas, preguntas o cualquier sugerencia. ¡Esperamos saber de usted!

Mas libros de interés:

**Ángeles En La Tierra** - Historias reales de personas que han tenido experiencias sobrenaturales con un ángel

Este libro no pretende ser un estudio biblico exhaustivo de los ángeles según la Biblia – hay muchos libros que tratan ese tema. Los ángeles son tan reales y la mayoría de las personas han tenido por lo menos una experiencia sobrenatural o inexplicable. En este libro de ángeles comparto mi experiencia, como así también la de muchas otras personas.

Conociendo más a la persona del Espíritu Santo

Este libro sobre la Persona del Espíritu Santo es el relato de un viaje personal. Después de muchos años de ser creyentes el Señor puso una inquietud en mi vida y la de mi esposo - la inquietud por buscar la llenura del Espíritu Santo. Fue un 'viaje' donde aprendimos mucho y en estas páginas comparto esa aventura espiritual.

**Perlas de Gran Precio** - Descubriendo verdades escondidas de la Palabra de Dios

Una perla que se produce en el mar tiene un valor muy alto. El proceso comienza es un diminuto grano de arena y con el tiempo se convierte en algo muy bello que muchos buscan y codician. Este proceso ha llevado su tiempo – ¡puede ser hasta 10 años! Por esa razón una perla genuina es un objeto muy costoso y encontrarla es un verdadero triunfo.

Vida Cristiana Victoriosa - Fortalece tu fe para caminar más cerca de Dios

Este libro es la suma de muchas enseñanzas y devocionales cristianos, tanto recibidos como impartidos. Mi oración es que al leer este libro Dios pueda hablarte y que tu vida sea fortalecida en el Señor y el poder de su fuerza. Veremos muchas cosas que me ayudaron en mi caminar con Cristo a través de los años.

**Una Luz Para Guiar Tu Vida Diaria Tomo 1** - Devocionales para cada día del año con versículos de la Biblia

Este libro se trata de un manuscrito con dos lecturas diarias para todo un año con un conjunto de versículos centrado en un tema particular. Esta obra ha tocado la vida de cientos de miles de cristianos de todas partes del mundo durante más de cien años.

**Una <u>Luz</u> Para Guiar Tu Vida Diaria Tomo 2** - Devocionales para cada día del año con versículos de la Biblia

Jonathan elegía un pasaje y en el contexto de la oración en familia, Samuel y los demás miembros de la familia, añadían diversos pasajes relevantes. De modo que cada entrega diaria es un conjunto de versículos centrado en un tema. Esta obra ha tocado la vida de cientos de miles de cristianos de todas partes del mundo durante más de cien años.

Made in the USA
Las Vegas, NV
05 February 2024

85328469R00044